Género Obra de teatro

Pregunta esencial
¿Cómo cambian las plantas a medida que crecen?

Hortelanos de flores

María Furquet
ilustrado por Mary Rojas

Personajes: Helena, Homero, Mamá, Papá

(Mamá y Helena cavan).

Mamá: Toma la pala y cava hondo.

(Mamá y Helena ponen el humus).

Helena: ¿Y ahora, mamá?

Mamá: Ahora ponemos el humus.

Helena: Pon el humus así.

Homero: ¿Cómo lo sabes?

Helena: Vi a mamá cuando lo puso.

(Homero y Papá ponen el agua).

Homero: ¿Ahora ponemos el agua?

Papá: Sí, Homero. Lo haremos juntos.

(¡Muy pronto van a salir las flores!)

Homero: De aquí salen las flores.

Helena: Todo se verá tan hermoso...

Papá: ¡Mira qué hermoso color, Helena!

Helena: ¡Mira, Homero! ¡Hay muchas flores!

Homero: Sí. Y puedo oler el aroma en el aire.

Mamá: Somos una familia de hortelanos.

Papá: Sí. ¡Somos hortelanos de flores!

Respuesta a la lectura

Volver a contar

Vuelve a contar *Hortelanos de flores* con tus palabras.

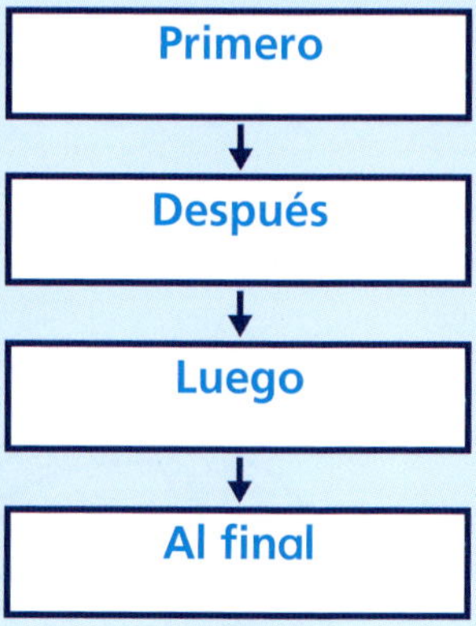

Evidencia en el texto

1. ¿Qué hacen Mamá y Helena después de cavar? **Orden de los sucesos**
2. ¿Qué pasa después de que Homero y Papá riegan la tierra? **Orden de los sucesos**
3. ¿Cómo sabes que *Hortelanos de flores* es una obra de teatro? **Género**

Género No ficción

Compara los textos
Lee para aprender más sobre la papa.

Rica papa

Las papas salen de la tierra. Las papas asadas son sanas.

FoodPhotography Eising/Alamy Stock Photo

La papa

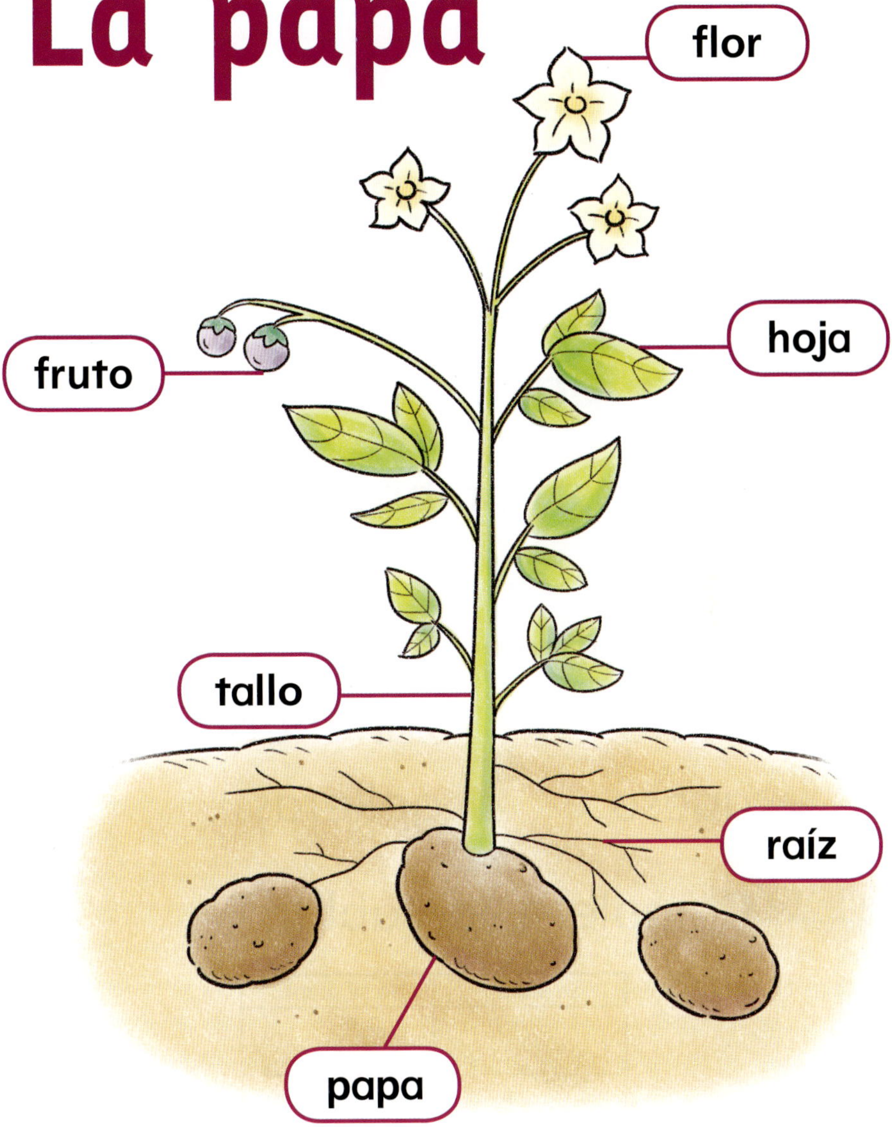

Haz conexiones

¿En qué se parecen las plantas de papa a las plantas de flores? El texto y otros textos

Mary Rojas

Enfoque:

Ciencias

Propósito Hablar sobre alimentos que podemos plantar

Paso a paso

Paso 1 Lee los nombres de estos alimentos.

manzanas	maíz
pastel	zanahorias
queso	galletas

Paso 2 Completa la tabla.

Se planta	No se planta

Conclusión Conversa con un compañero acerca de tu tabla.